Philosophie pour débutants

Comment comprendre les bases de la philosophie et les appliquer avec succès dans votre vie quotidienne grâce à des exercices pratiques.

Jakob Schröter

CONTENU

Ce qui vous attend dans ce livre

La philosophie est un terme fascinant, beau, romantique et harmonieux, mais aussi un effort intellectuel considérable. Pourtant, la philosophie n'est ni romantique, ni fatigante.

Il est vrai qu'il faut utiliser son cerveau et que certaines choses dépassent peut-être le bon sens, mais au fond, la philosophie consiste simplement à s'intéresser à l'homme et au monde. L'image que l'on a des philosophes grecs de l'Antiquité flânant sous le soleil d'Athènes avec leurs longues robes tout en échangeant leurs idées peut sembler romantique, mais ils traitaient souvent de sujets sérieux et beaucoup d'entre eux ne se

faisaient pas que des amis avec leurs idées parfois révolutionnaires.

Mais la philosophie n'est absolument pas une
"vieille lune", c'est une science de l'esprit qui a traversé
l'évolution de l'humanité depuis l'Antiquité et qui a
joué un rôle déterminant dans la création de la société
dans laquelle nous vivons aujourd'hui. De plus, les
thèmes centraux de la philosophie sont toujours aussi
actuels aujourd'hui et peuvent apporter une contribu-
tion précieuse au monde et à chaque individu pour
évoluer de manière positive.

Dans ce guide, je souhaite vous donner un premier
aperçu de ce vaste sujet qu'est la philosophie, mais
aussi vous le présenter de manière pratique. Après
avoir expliqué ce qu'est exactement la philosophie et
de quoi elle s'occupe concrètement, je vous présenterai
donc non seulement quelques courants philosophiques
importants et la sagesse des philosophes, mais je vous
donnerai aussi, à la fin, quelques exercices et conseils
pour que vous puissiez intégrer facilement la philosophie dans votre vie.

Par amour de la sagesse

Vous êtes-vous déjà demandé comment rendre le monde plus juste, ce qui est bien et ce qui est mal, ou quel comportement est moralement bon ou mauvais ? Vous arrive-t-il de vous demander s'il y a un Dieu ou un plan supérieur qui régit ce qui se passe dans le monde ? Vous préoccupez-vous de l'importance de la nature, de l'amour ou du sens de la vie ? Ou vous demandez-vous ce qui compte vraiment dans la vie, ce qu'est le bonheur et comment l'atteindre ? Cela signifie que vous réfléchissez au monde et à votre propre vie, c'est-à-dire que vous ne vous contentez pas de tout accepter sans vous poser de questions. C'est une très bonne chose, même si cela peut vous donner des maux de tête, car cela signifie que vous utilisez votre esprit - et que vous êtes donc déjà un petit philosophe. Vous l'avez peut-être déjà compris et c'est pourquoi vous avez acheté ce livre pour élargir votre réflexion ou vous espérez trouver des réponses à vos questions grâce à la sagesse de philosophes plus anciens et plus connus.

Les deux sont possibles - mais disons-le tout de suite : philosophie signifie "amour de la sagesse", et non "sagesse" elle-même. Vous trouverez donc dans ce livre de nombreuses réflexions qui vous permettront de répondre à vos questions, si vous le souhaitez, mais qui sont avant tout des suggestions pour penser par vous-même.

En effet, "aimer la sagesse" signifie partir à la recherche de la sagesse, mais pas nécessairement trouver des réponses définitives. Cependant, à chaque pensée, on devient un peu plus sage et je vous invite donc à vous plonger dans le monde de la philosophie, à emporter avec vous de vieilles pensées et à en développer de nouvelles.

Bonne lecture, bon apprentissage et bonne philosophie !

Concepts de base de la philosophie

Que faut-il faire pour être philosophe ? Pas grand chose en fait - juste réfléchir. En fait, c'est ce que vous faites tout le temps. Il y a cependant une différence avec la pensée "normale", car celle-ci s'occupe généralement de choses inutiles au quotidien, comme par exemple ce qu'il faut acheter, quels vêtements porter à une fête ou pourquoi votre collègue ne vous aime pas. La pensée philosophique, en revanche, consiste à remettre le monde en question et à réfléchir aux choses de la vie qui comptent vraiment.

Même si cela peut paraître très intellectuel, je pense que tout le monde a déjà philosophé au moins une fois dans sa vie. En effet, aussi compliquée que puisse paraître (ou être) une pensée philosophique, elle commence souvent par une question qui fait partie intégrante de la vie de tous les jours. L'objectif est la réflexion en elle-même, et c'est ainsi que les philosophes des siècles et millénaires passés se sont toujours bousculés, remis en question et développés.

QU'EST-CE QUE LA PHILOSOPHIE ?

La philosophie s'intéresse à la vie et à tout ce qui constitue et influence la condition humaine et la coexistence humaine.

Mais au-delà, il s'agit aussi de la bonne conduite par rapport au monde, des relations logiques entre les événements mondiaux et de la pensée en elle-même. La vertu, l'éthique, la morale et la logique sont des aspects centraux de toute philosophie. L'ambition de la philosophie est donc de mieux comprendre tout ce qui se passe en nous et autour de nous et de trouver la "bonne" voie pour agir. Les thèmes abordés vont de notre propre existence physique à l'univers, en passant par le bonheur, la justice, la science et la religion. Voici quelques exemples de questions philosophiques :

Qu'est-ce que l'amour ?
Qu'est-ce que le bonheur ?

Qu'est-ce que la justice ?

Qu'est-ce que la liberté ?

Pourquoi mourons-nous ?

Où allons-nous quand nous mourons ?

Le destin existe-t-il ?

Que pouvons-nous savoir ?

Y a-t-il un sens supérieur à ce qui s'est passé ?

Est-il éthique de manger de la viande ?

Où est la fin de l'univers ?

Existe-t-il des dimensions parallèles ?

Les choses existent-elles vraiment ou sont-elles imagi-naires ?

Qui peut dominer les autres ?

Pourquoi pensons-nous ?

Qu'est-ce qui est moralement bien ou mal ?

Comment le corps et l'esprit sont-ils liés ?

Y a-t-il un Dieu ?

L'homme peut-il intervenir dans la nature ?

Quel est le sens de la vie ?

Ce ne sont là que quelques-unes des innombrables questions possibles, telles qu'elles se présentent en philosophie. Les questions fondamentales sont, selon Emmanuel Kant

Que puis-je savoir ?
Que faire ?
Que puis-je espérer ?
Qu'est-ce que l'être humain ?

En conséquence, les thèmes de base de la philosophie sont la métaphysique, l'éthique, la religion et l'anthropologie. Il s'agit d'un développement des thèmes de l'Antiquité grecque, où la vertu, la vérité et la nature jouaient notamment un rôle central.

En principe, tout peut devenir une question philosophique si on l'interroge. Un exemple simple, utilisé dans les cours de philosophie, est la question : "Y a-t-il encore de la moutarde dans le réfrigérateur ?" Ici, on pense d'abord : qu'est-ce que cela a de philosophique ? Soit il y a de la moutarde, soit il n'y en a pas, selon que vous en avez acheté ou que vous l'avez déjà utilisée. En y regardant de plus près, il s'agit d'un problème philosophique, car comment savoir si la moutarde est dans le réfrigérateur si la porte de ce dernier est fermée ? Les réponses "oui" ou "non" supposent que vous pouvez savoir ce qui se trouve dans un endroit que vous ne voyez pas pour le moment. Mais comment pouvez-vous le savoir ? Vous savez seulement que la moutarde était là (ou pas) la dernière fois que vous avez regardé dans le réfrigérateur. Mais qui peut dire que quelqu'un n'a pas pris ou mangé la moutarde entre-temps ? Et comment pouvez-vous savoir que ce que vous ne voyez pas existe à ce moment-là ?

La pensée humaine est fondamentalement ancrée dans certaines normes concernant la manière dont les choses doivent être ou être définies. Ces normes sont inculquées à l'homme par l'éducation, le contexte social, culturel et religieux, et s'intègrent à sa propre pensée, de sorte qu'il les perçoit comme évidentes et irrévocables. La philosophie va au-delà des limites de ces normes, les remet en question de manière critique et les renverse. Si quelque chose est remis en question de manière philosophique, il se dissout, car il n'y a pas de réponse concrète et irrévocable. Au plus tard à la fin, la question est : mais comment savoir si c'est vraiment le cas ?

L'objectif de la philosophie n'est donc pas de trouver une réponse universelle à la question posée, mais de relativiser la norme existante, de stimuler le processus de réflexion et de trouver pour soi-même sa propre réponse (momentanément) correcte. Pour ce faire, le philosophe fait appel à sa raison, c'est-à-dire qu'il essaie d'élargir sa compréhension du sujet en question de manière rationnelle et par une pensée logique.

ÉPOQUES ET COURANTS DE LA PHILOSOPHIE - UN APERÇU

L'histoire de la philosophie, l'une des premières sciences, remonte à l'Antiquité, soit quelques siècles avant la naissance du Christ. Ce qui est particulièrement intéressant, c'est qu'à cette époque, des courants philosophiques ont émergé simultanément dans différentes cultures, chacun déployant une grande puissance dans sa sphère culturelle - et ce indépendamment en Grèce, en Chine, en Inde, en Perse et en Israël. C'est ce que l'on appelle la "période axiale de l'histoire mondiale". Dans l'Antiquité grecque, la philosophie et les sciences naturelles étaient étroitement liées, d'où l'appellation de "mère des sciences", tandis qu'en Orient, il existait parfois un lien fort avec la religion.

Cependant, dès la fin de l'Antiquité, les flux de philosophie se sont taris et rien, ou presque, n'a suivi en Europe pendant longtemps, alors que le christianisme, initialement combattu, était devenu la religion d'État de l'Empire romain, qui a fini par dominer la Grèce, entre autres. Bien que le christianisme soit porteur d'un message d'amour du prochain, d'égalité et de tolérance, il a été utilisé comme instrument de pouvoir au Moyen Âge.

Au Moyen Âge, l'Église chrétienne dominait les gens, la foi occupant le rôle suprême dans la société. Même le règne du roi ou de l'empereur découlait de la volonté de Dieu. Ceux qui affirmaient le contraire étaient considérés comme des "hérétiques" et étaient exécutés. La philosophie existait, mais elle ne remettait rien en question et confirmait le pouvoir de l'Église.

La philosophie a donc été reléguée au rang d'instrument de la théologie. A l'époque de la scolastique (du 9e au 14e siècle), on posait certes des questions philosophiques et on pesait le pour et le contre de manière critique, mais uniquement dans la mesure où les limites de la foi le permettaient. On peut notamment citer Thomas d'Aquin, qui a conclu que la foi et la raison ne s'opposaient pas, puisqu'elles venaient toutes deux de Dieu, et que Dieu établissait la loi suprême, qui constituait le cadre de la loi naturelle et, par conséquent, de la raison humaine. Il a également fait référence à l'ancien philosophe Aristote et aux vertus telles que la justice, le courage et la tempérance, qui étaient des aspects importants de la philosophie grecque.

À la fin du Moyen Âge, la bourgeoisie s'est renforcée et les individus ont de plus en plus osé développer leur propre pensée.

Durant l'humanisme (de 1400 à 1600 environ), des philosophes tels que Pétrarque et Érasme de Rotterdam reviennent à l'Antiquité et exigent que l'homme développe une éducation complète, une sensibilité esthétique, une honnêteté et une conscience politique de soi. La raison et l'expérience devaient désormais être les seuls moyens de connaissance, de sorte que l'influence de l'autorité ecclésiastique ou étatique sur la pensée disparaissait.

Ce changement philosophique a également révolutionné la science - Nicolas Copernic et Galileo Galilei, par exemple, ont mené des recherches sur l'univers et ont découvert que c'était la Terre qui tournait autour du Soleil et non le Soleil qui tournait autour de la Terre, comme le préconisait l'Église auparavant.

La prochaine grande révolution de la vision du monde a eu lieu au siècle des Lumières, lorsque, entre autres, l'idée de l'État moderne a été développée à partir de la valeur de la liberté. C'est donc à la philosophie que nous devons le monde libre dans lequel nous vivons aujourd'hui.

L'époque moderne a vu et continue de voir de nombreux philosophes développer la pensée des courants philosophiques précédents en ce qui concerne le monde, la société et la vie humaine. A cette époque, la philosophie exhorte surtout à la modestie, propose des moyens d'accéder à son propre bonheur et appelle à l'égalité entre tous, en particulier entre les hommes et les femmes.

Dans la suite du guide, je vous présenterai plus en profondeur les principaux courants philosophiques et leurs penseurs.

La philosophie comme science et guide personnel

La philosophie n'est pas seulement une matière scolaire proposée en alternative à la religion, mais aussi un cursus universitaire en sciences humaines. Elle a cependant du mal à s'imposer en tant que "science", car ses détracteurs affirment qu'elle diffère fondamentalement des autres sciences par l'étendue de ses sujets et par sa méthodologie.

Les autres sciences traitent d'un éventail spécifique de sujets, tandis que la philosophie s'intéresse à tout ce qui relève des autres sciences et le bouleverse en le remettant en question. De plus, selon les courants, elle ne travaille pas avec des preuves et des faits comme les autres sciences, mais uniquement avec la pensée et ne crée donc que des opinions et non des faits.

Cependant, elle est la "mère des sciences", car à l'exception du droit, de la théologie et de la médecine, toutes les autres sciences sont nées d'elle. Sans la philosophie, il n'y aurait presque pas de sciences, car elles n'auraient pas de raison d'être. Au début, il y avait des questions et, grâce à différentes méthodes, on a commencé à chercher des réponses scientifiques à ces questions. Dire que la philosophie n'est pas une science reviendrait donc à priver les autres sciences de leur fondement. Car à quoi bon faire des recherches si l'on ne cherche pas de réponses ? Et si l'on cherche des réponses, c'est à nouveau de la philosophie.

En tant que l'une des plus anciennes sciences, elle a sa raison d'être, notamment parce qu'elle est la seule à avoir le pouvoir de nous ouvrir les yeux sur la vertu, la morale et la justice, car elle n'accepte pas les faits et les normes comme tels. Ainsi, à plusieurs reprises dans l'histoire, les pensées philosophiques ont été à l'origine de changements fondamentaux, comme la Révolution française ou l'abolition de l'esclavage, et constituent une base importante de nos valeurs et structures sociales. Par exemple, sans la philosophie, il n'y aurait probablement pas de démocratie, de liberté et d'égalité entre tous les citoyens, ni de système social.

Il n'est cependant pas nécessaire d'avoir étudié la philosophie pour se dire "philosophe". Au contraire, toute personne peut être un philosophe si elle ose aller au-delà des limites actuelles de sa pensée.

La philosophie n'existe pas seulement pour l'"amour de la sagesse" (traduction littérale du terme "philosophia") et comme moyen d'améliorer le monde pour la communauté humaine et l'environnement naturel, mais elle offre à chacun des possibilités de rendre sa vie plus heureuse, de trouver un sens personnel à sa vie et d'élargir ses horizons. Grâce à la philosophie, vous pouvez gagner en équilibre et en force intérieure, ce qui vous permet de mener une vie moins stressante et de mieux atteindre vos objectifs. En réfléchissant à la vie et au monde, vous pouvez comprendre ce qui compte vraiment et devenir plus heureux, car vous cessez de vous énerver pour des futilités et de rechercher des choses que vous n'avez pas. Vous apprendrez également à voir le monde dans son ensemble et à examiner les événements sous différents angles, ce qui vous permettra de réaliser que la plupart des choses ne sont pas aussi mauvaises qu'elles le paraissent pour vous.

En outre, vous ouvrez votre esprit à des domaines du monde qui dépassent votre propre environnement et réfléchissez à ce qui est important pour la société et l'environnement dans son ensemble. Ainsi, non seulement vous stimulez votre matière grise, mais vous développez des idées sur la manière d'améliorer le monde et vous vous efforcez d'y contribuer de manière significative. De cette manière, la philosophie vous aide également à améliorer le monde dans lequel vous vivez et à vous sentir mieux dans votre peau.

En fin de compte, la philosophie n'incite pas seulement à penser et à agir de manière intelligente, mais si vous commencez à réfléchir, vous pouvez, à l'instar des philosophes connus, transmettre vos réflexions à d'autres personnes, afin qu'elles aussi utilisent leur intelligence et contribuent à créer un monde meilleur. Dans les chapitres suivants, vous trouverez déjà quelques idées et sagesses philosophiques ; ensuite, je vous donnerai quelques exercices et conseils directement applicables pour votre quotidien philosophique.

Antiquité grecque

C'est en Grèce, à partir des VIIe et VIe siècles avant J.-C., qu'est né le premier système culturel européen complet, dans lequel l'art, la musique, l'architecture, l'histoire, la littérature, la mythologie et diverses sciences telles que les mathématiques, l'astronomie, la géographie, la biologie et la physique formaient un tout.

Comme les Grecs de l'Antiquité étaient des navigateurs et des commerçants, ils ont découvert d'autres cultures, comme la Babylonie et l'Égypte, où existaient déjà des civilisations avancées dotées d'un grand savoir. Les Grecs ont continué à développer ce savoir, notamment grâce aux philosophes. La philosophie était à l'époque hautement reconnue et c'est sur elle que se fondait presque tout dans la société et la science.

L'ensemble de l'époque de la philosophie grecque antique n'a duré qu'environ 500 ans, et pourtant un très large éventail de théories et de connaissances philosophiques y ont été développées, si bien qu'elles ont influencé tous les philosophes des époques suivantes et constituent les fondements de notre société.

A l'origine de la philosophie européenne, les thèmes centraux étaient l'être, la vérité, la connaissance, la nature de l'homme et sa destinée morale. La "destinée morale" désigne le bien, la vertu, l'âme et la félicité. Le terme "aletheia", qui signifie "non-caché", résume cette notion. Les sciences naturelles occupaient une place importante au sein de la philosophie, et certains philosophes étaient également des scientifiques.

Il n'est toutefois pas possible de généraliser aussi facilement, car il y a eu différentes époques dans la philosophie grecque ancienne et différents points de vue parmi les philosophes concernés. De plus, ils étaient spécialisés dans différents domaines, l'un s'occupant davantage du langage, l'autre de la logique, un troisième de l'éthique et un autre encore des questions juridiques. La plupart du temps, ils se consacraient soit aux sciences naturelles, soit aux sciences humaines, mais quelques-uns d'entre eux étaient très doués dans les deux domaines. C'est le cas de Pythagore et d'Aristote.

PRÉSOCRATIQUE

La philosophie grecque a débuté avec les présocratiques, qui tirent leur nom (comme on peut aisément le comprendre) du fait qu'ils désignent la philosophie antérieure à l'époque de Socrate. Ce dernier était considéré comme le premier grand philosophe mondial, qui a révolutionné la pensée, de sorte que tout ce qui a précédé est simplement considéré comme "présocratique".

Les présocratiques s'intéressaient avant tout au cosmos et à ses lois, à l'âme et aux lois de la nature. Pythagore ne s'occupait pas seulement de formules mathématiques, mais développait également l'idée que l'âme, et non le corps, était la véritable essence de l'homme. Selon lui, l'âme est souillée par le corps et l'homme doit donc s'efforcer de rendre son âme pure. Empédocle pensait que les quatre éléments, l'eau, la terre, le feu et l'air, étaient animés par l'amour et la haine, c'est-à-dire que, partant du principe que les quatre éléments sont la base de la nature et de notre vie, l'amour et la haine ont le pouvoir de déterminer comment tout évolue.

Démocrite a étudié les atomes et est parvenu à la conclusion que l'âme en était également composée. Héraclite pensait que rien ne pouvait exister sans son contraire, par exemple la chaleur ne peut exister sans le froid, la paix ne peut exister sans la guerre et l'amour ne peut exister sans la haine. C'est pourquoi il pensait que la dispute était une composante nécessaire de la vie et, en outre, l'origine du monde.

Il a également déclaré que le logos était la loi suprême qui régissait le monde et que la sagesse consistait donc à la connaître. En philosophie, "logos" signifie "raison" ou "pensée rationnelle", et c'est de ce terme que dérive le mot "logique". Cependant, Héraclite a étendu la compréhension du logos jusqu'à ce qu'il soit compris comme le "principe du monde", c'est-à-dire l'ordre fondamental et supérieur selon lequel tout fonctionne dans le monde et le cosmos. Finalement, ce sont les sophistes autour de Pythagore qui, avec leur relativisme et leur scepticisme, ont tout remis en question. Ils sont arrivés à la conclusion que l'homme est la "mesure de toute chose" et qu'il existe deux affirmations contradictoires sur chaque chose. L'être est considéré comme subjectif et changeant, car tout ce qui dépasse l'homme est mis en doute.

Sagesse à emporter

"Dans la mesure où nous intervenons dans la nature, nous devons veiller strictement à rétablir son équilibre". (Héraclite)

"Il est donné à tous les hommes de se connaître et d'être intelligents". (Héraclite)

"Le mieux pour l'homme est de mener sa vie le plus possible dans la sérénité et le moins possible dans le dépit. On peut y parvenir en ne cherchant pas son plaisir dans l'éphémère". (Démocrite)

"L'envieux se fait du tort à lui-même comme à un ennemi". (Démocrite)

"Il faut se taire ou dire des choses qui valent encore mieux que le silence". (Pythagore)

"Aux côtés du destin trône la volonté comme puissance directrice". (Pythagore)

PÉRIODE CLASSIQUE

La période classique, entre 427 et 347 avant Jésus-Christ, constitue la partie la plus importante de la philosophie antique. Les grands thèmes étaient la vertu, l'éthique, la raison, la justice et la liberté. Parmi la multitude de philosophes, il convient de mentionner en particulier le trio Aristote, Socrate et Platon. Platon était un disciple de Socrate et Aristote un disciple de Platon, mais leurs points de vue étaient parfois différents. Dans l'ensemble, ils sont considérés comme les trois grands de la philosophie et méritent d'être considérés chacun séparément.

Socrate (469 à 399 av. J.-C.) était un philosophe laïc qui s'intéressait à l'homme et à la société. Ses questions directrices étaient les suivantes : Qu'est-ce que l'homme ? Que doit-il faire pour bien agir ? Que doit-il faire pour ses concitoyens et sa communauté étatique ? Que ne doit-il pas faire ?

Sur les places d'Athènes, il enseignait sa philosophie, pour laquelle il s'est également fait des ennemis. Il ne mâchait pas ses mots, accusant par exemple les hommes politiques d'avoir usurpé leurs fonctions par droit de naissance ou statut financier. C'est pourquoi il a été condamné à mort sous prétexte qu'il séduisait la jeunesse et blasphémait. Il se soumit à cette sentence, bien que ses amis aient voulu le faire sortir de prison, car il était fidèle à sa philosophie et voulait la défendre jusqu'au bout. À l'origine de sa théorie de la connaissance, il y a la lecture d'une inscription de l'oracle de Delphes : "Connais-toi toi-même !" La base de son enseignement est donc l'aspiration à ce que les hommes reconnaissent par eux-mêmes ce qui est juste (et non pas qu'on les persuade de le faire, comme le faisaient les sophistes). Ce n'est qu'ainsi qu'ils agiront correctement. Il a appelé cette démarche "maïeutique", qui vient du mot grec signifiant "sage-femme" (la profession de sa mère), car sa philosophie était l'obstétricien de la connaissance des hommes.

Les thèmes centraux de la connaissance étaient alors la vertu et le bien, car selon lui (et de nombreux autres philosophes), c'est le seul moyen d'atteindre le bonheur.

Sagesse à emporter

"L'intelligent apprend de tout et de tout le monde, le normal apprend de ses expériences et l'idiot sait tout mieux".

"Gardez toujours à l'esprit que tout est éphémère ; ainsi, vous ne serez pas trop joyeux dans le bonheur, ni trop triste dans le malheur".

"Pour faire bouger le monde, il faut d'abord se bouger soi-même".

"Seul est sage celui qui sait qu'il ne l'est pas".

"L'histoire ne s'arrête pas avec nous".

"L'action juste suit la pensée juste".

Platon (427-347 av. J.-C.) a éloigné le regard de l'homme pour le porter sur l'éternel, qui le dépasse. Selon lui, il existe des "idées éternelles" et des "vérités éternelles" qui existent indépendamment de l'homme et de ce monde, c'est-à-dire des lois cosmiques et surnaturelles.

Selon Platon, ces idées et vérités éternelles sont présentes dans chaque être humain, car elles sont inhérentes à la nature de l'âme. Bien que la plupart des gens n'en soient pas conscients, ils peuvent les découvrir par une introspection. À partir de ces idées et vérités éternelles, il a développé des visions pour un ordre étatique, juridique et social dans lequel règnent la justice, la coexistence sociale et l'autodétermination des citoyens. Après l'exécution de son maître Socrate, Platon, fils d'aristocrate, a voyagé dans différents pays, par exemple en Égypte, et a fondé l'Académie à son retour. Il s'agissait d'un quartier situé à environ 1600 mètres d'Athènes, qui était à la fois un parc et un lieu d'enseignement et de culte, où seuls les fils d'aristocrates étaient admis. Il ne s'agissait pas d'une université au sens où nous l'entendons aujourd'hui, car il n'y avait pas de règles établies, mais il y avait un large éventail d'études qui comprenait, outre la philosophie, l'astronomie, les mathématiques, la biologie et la théorie politique. Aristote y a également étudié.

Platon y a enseigné sa théorie des idées, selon laquelle tout ce dont l'homme peut faire l'expérience avec ses sens provient d'une idée originelle. Ces idées originelles sont spirituelles et immatérielles, tandis que ce qui est perceptible par les sens n'est qu'un reflet de l'idée. Les idées existent pour les choses physiques, comme les arbres ou les hommes, mais aussi pour les valeurs et les principes, comme la justice ou le bien. L'idée du bien est l'idée suprême, qui est au-dessus de toutes les autres et dans le sens de laquelle toutes les pensées et les actions devraient se faire. Pour parvenir à la connaissance et donc à la vie bonne, il faut, selon Platon, s'élever de la réalité vers les idées. Il assimilait cela à la sortie d'une caverne.

L'existence de l'homme serait comme une caverne sous la terre, dans laquelle les hommes sont prisonniers et enchaînés et ne peuvent voir qu'un mur de caverne sur lequel des ombres d'objets sont projetées par le feu. Comme les gens n'ont jamais vu les objets eux-mêmes, mais seulement leurs ombres, ils pensent que ces images sont la réalité.

Lorsqu'un homme parvient à se défaire de ses liens et à regarder autour de lui, il reconnaît les objets qui projettent des ombres. Il sort alors de la caverne, d'abord aveuglé par la lumière, de sorte qu'il ne voit à nouveau que des ombres, puis il s'y habitue et voit non seulement les objets de son environnement, mais aussi le soleil. Ce dernier était pour Platon le symbole des idées et donc la raison profonde de l'être.

Avec cette allégorie de la caverne, il a décrit de manière très claire le processus de pensée autonome, qui implique beaucoup d'efforts et un grand risque, mais qui en vaut la peine. Selon Platon, le monde des idées est à l'origine de la réalité, mais les deux mondes existent en parallèle. Alors que le monde réel, celui dont on peut faire l'expérience par les sens, est éphémère, le monde des idées est immuable et éternel.

Aristote (384 à 322 av. J.-C.) a pris une autre direction en considérant que le but de la philosophie était d'explorer le monde de manière rationnelle et scientifique. Il a séparé le travail scientifique et l'idéal philosophique, de sorte que les deux n'étaient plus compatibles, et ses découvertes scientifiques ont été considérées comme indiscutables pendant près de deux millénaires. Un aspect en particulier caractérise encore aujourd'hui la science : la recherche de la vérité est sa seule finalité et ne doit pas avoir pour but de défendre des préjugés ou des modes de vie.

Ses opinions et son mode de vie semblent souvent sobres et dénués d'émotions, et on dit même souvent qu'il ne se souciait pas des autres. En fait, il pensait que Dieu n'était pas une matière mais une pensée pure et qu'il ne devait donc pas être contaminé par des choses matérielles.

Selon lui, la classe supérieure aristocratique a donc également le mérite de se consacrer à l'étude et de ne pas avoir à se salir les mains avec un travail physique. D'autre part, outre les écrits socratiques et platoniques, ce sont surtout les siens qui ont établi des critères intemporels de vertu et de moralité. Pour comprendre cette opposition, il faut savoir que la vertu, selon la définition des Grecs anciens, implique une absence de passion, car selon eux, les passions altèrent la raison et empêchent d'atteindre le bonheur.

Une vie vertueuse implique de penser et d'agir de manière rationnelle et de renoncer aux distractions émotionnelles et matérielles, car elles vous conduisent à prendre de mauvaises décisions et à être insatisfait. La voie du bonheur passe par une vie en harmonie avec la nature et avec son âme. Cela ne signifie pas que l'on ne peut pas se soucier des gens et les aimer, mais simplement que l'on ne doit pas laisser les passions telles que la colère, l'avidité, la peur, l'envie ou la tristesse entraver notre intelligence, notre calme intérieur et notre capacité de jugement.

Aristote n'était donc pas un philosophe particulièrement sans cœur, mais plutôt un homme capable de se maîtriser particulièrement bien et donc d'appliquer ses propres enseignements sur la vertu.

Sagesse à emporter

"L'amitié fait partie des choses les plus nécessaires dans notre vie. Dans la pauvreté et le malheur, les amis sont notre seul refuge".

"Couvrir une erreur par un mensonge, c'est remplacer une tache par un trou".

"La joie est la santé de l'âme".

"Si la paix régnait sur terre, on pourrait se passer de toutes les lois".

"Celui qui préfère la sécurité à la liberté est à juste titre un esclave".

"Le bonheur appartient à ceux qui se suffisent à eux-mêmes".

"Le début de toute sagesse est l'étonnement".

"La nature ne fait rien en vain".

PHILOSOPHIE HELLÉNISTIQUE

Il s'en est suivi la conquête de la Grèce par Alexandre le Grand, puis par Rome. La philosophie a été reléguée de l'enseignement public et de la reconnaissance de l'État à la sphère privée, mais elle a encore donné naissance à deux grands courants, le stoïcisme et l'épicurisme. Le stoïcisme a été fondé par Zénon de Kition, qui a commencé à enseigner le stoïcisme vers 300 avant J.-C. dans le portique d'Athènes qui a ensuite donné son nom au courant.

L'épicurisme est basé sur le philosophe Épicure. Les deux courants sont nés à la même époque et s'opposent l'un à l'autre. Certes, dans l'esprit de toute la philosophie de l'époque, tous deux avaient pour objectif d'orienter la conduite de la vie vers la sagesse, mais avec des méthodes opposées.

Alors que les épicuriens choisissaient le "principe de plaisir", c'est-à-dire de ressentir du plaisir et d'éviter la douleur, les stoïciens rejetaient toute forme d'affect. Le bonheur ne s'obtient qu'en renonçant à toutes les passions, qu'elles soient positives ou négatives, car en fin de compte, toute passion, même si elle rend momentanément heureux, est un obstacle sur le chemin de la vertu et donc du bonheur, qui ne peut être atteint que par la vertu. La Stoa, également appelée stoïcisme, est ainsi devenue l'un des courants de pensée les plus marquants et les plus puissants du monde occidental, car elle propose un moyen d'avancer sereinement dans la vie, d'atteindre son bonheur intérieur et de ne pas se laisser ébranler par les crises ou les problèmes.

Dans ce contexte, l'éthique et la nature jouent un rôle crucial. Selon Zénon, "chaque aspect de la nature contient une force qui, en dernière instance, est orientée vers le bien". Le stoïcisme considère que l'homme doit agir conformément à sa propre nature, qui consiste à se comporter de manière vertueuse, et qu'il doit concevoir sa propre existence comme faisant partie de la nature de l'univers, qui dicte la structure supérieure et infinie, et dont il ne faut donc pas contrarier le cours pour atteindre la félicité.

La seule chose mauvaise dans le monde est la déraison, qu'il faut donc vaincre par la raison. Les philosophes romains ont continué à défendre les doctrines du stoïcisme, sans toutefois les développer davantage, notamment Lucius Annaeus Seneca.

Sagesse à emporter

"Ce n'est pas dans le grand que réside le bien, mais dans le bon que réside le grand". (Zénon)

"Le but de la vie est de vivre en harmonie avec la nature". (Zénon)

"Infini est le temps du passé et du futur ; le temps du présent est limité". (Zénon)

"Le bonheur ne vient pas de celui qui paraît aux autres, mais de celui qui se croit heureux". (Sénèque)

"La plus grande richesse est celle qui est pauvre en désirs". (Sénèque)

"Si vous vous soumettez à la nature, vous ne serez jamais pauvre ; si vous vous soumettez à l'opinion, vous ne serez jamais riche". (Sénèque)

"Celui qui s'approche du miroir pour changer s'est déjà changé". (Sénèque)

"Ce n'est pas parce que c'est difficile que nous n'osons pas, c'est parce que nous n'osons pas que c'est difficile". (Sénèque)

Philosophie extrême-orientale

Alors que la plupart des philosophies orientales étaient étroitement liées aux religions locales, deux philosophies orientées vers la vie de l'homme, le taoïsme et le confucianisme, ont vu le jour en Chine au cours des derniers siècles avant Jésus-Christ.

Le troisième grand courant de l'Extrême-Orient était le bouddhisme. Bien que ce dernier et, dans une certaine mesure, le taoïsme soient considérés comme des religions, ce n'était pas l'intention initiale et nous ne nous intéresserons donc ici qu'à l'aspect philosophique. Comme pour les Grecs de l'Antiquité, la nature, la moralité et l'équilibre intérieur jouent un rôle central dans ces trois philosophies, bien qu'elles aient été développées indépendamment les unes des autres et simultanément sur différents continents.

TAOÏSME

L'histoire ne permet pas de déterminer la date exacte de l'apparition du taoïsme (ou taoïsme). On suppose que son développement remonte à bien avant sa première écriture connue, vers 400 avant Jésus-Christ. Néanmoins, l'auteur du Tao Te-King, Lao Tseu, est considéré comme le fondateur du taoïsme.

Il y a autant de suppositions sur Lao Tseu, dont le nom signifie "vieux maître", que sur l'histoire de l'origine du Tao. Quoi qu'il en soit, le Tao Te-King révèle ce que signifie le taoïsme : il s'agit d'une vision du monde et d'un mode de vie qui doit montrer aux hommes la "voie" à suivre. En effet, "Tao" se traduit par "la voie", même si aucune traduction ne permet d'atteindre toute l'étendue de la signification du mot. En effet, la voie du Tao n'est pas un chemin tel qu'on le connaît généralement, c'est-à-dire un parcours fixe qui a un début et une fin, mais la voie de la nature et de l'être.

On peut y découvrir des parallèles avec les philosophes grecs, notamment Platon et les stoïciens, car le Tao représenterait la "cause première de tout être", qui serait éternelle, sans forme et immuable. Le Tao est donc l'ordre du monde d'où découle la création de toutes les choses et de tous les êtres et avec lequel il faut vivre en harmonie pour mener une bonne vie. Le Tao Te-King contient donc des conseils pour divers domaines de la vie, de la santé à la politique en passant par le mode de vie. Toutes les actions de l'homme doivent se faire dans le respect du cours de la nature et en accord avec la loi universelle. Ce n'est qu'alors que l'on peut faire l'expérience de la vertu, de la force, de la bonté et de l'ordre qui, à leur tour, viennent automatiquement à nous par le Tao si l'on vit selon lui.

Les principes les plus importants sont le Qi, l'énergie vitale, et ses deux pôles, le Yin et le Yang. Le yin et le yang sont respectivement assimilés à des caractéristiques opposées, par exemple le yang représente l'énergie, la chaleur ou le jour, tandis que le yin représente le calme, le froid et la nuit. Aucun des deux n'est jamais considéré comme mauvais. L'opposition est également considérée ici, comme chez Héraclite, comme une nécessité de l'être, mais contrairement à lui, elle n'est pas assimilée à une dispute, mais à une complémentarité.

Le Tao affirme également qu'une chose n'existe ou ne peut être connue que par son contraire, c'est pourquoi le Yin et le Yang, qui doivent être présents aussi bien dans l'homme que dans la nature et dans chaque être, doivent être équilibrés. S'il y a déséquilibre, toute la structure est perturbée, ce qui se manifeste chez l'homme par des maladies physiques ou psychiques et dans la société par exemple par des injustices ou des conflits politiques.

Sagesse à emporter

"Seul l'amoureux est courageux, seul le frugal est généreux, seul l'humble est capable de dominer".

"Même la plus longue des marches commence par un premier pas".

"Est riche celui qui sait qu'il en a assez".

"Apprendre, c'est comme ramer à contre-courant. Si on s'arrête, on repart à la dérive".

"Considérez le monde comme votre soi, ayez confiance en l'être des choses, aimez le monde comme votre soi ; alors vous pourrez prendre soin de toutes choses".

"Celui qui ne veut pas se battre, personne ne peut se battre avec lui".

"Savoir que l'on ne sait rien est la chose la plus importante".

CONFUCIANISME

Le confucianisme remonte au maître Kung Fu-tse (également appelé Kong Fuzi ou autres orthographes) au cinquième siècle avant Jésus-Christ, qui a notamment travaillé comme berger et comptable avant de fonder une école où il enseignait le calcul, l'écriture, la musique, le tir à l'arc, la conduite de chars et les rites.

Il ne faisait pas de distinction de classe sociale parmi ses élèves, mais transmettait ces arts à tous ceux qu'il jugeait dignes, bien qu'ils soient en partie réservés à la noblesse. Cependant, il ne se contentait pas de leur enseigner ces activités, mais les formait humainement, et c'était là le véritable point fort et le défi de son enseignement. En effet, ce n'est qu'en perfectionnant les cinq vertus - l'humanité, la moralité, la droiture, la sagesse et la confiance - que les élèves pourraient devenir véritablement "nobles". Confucius lui-même s'est efforcé toute sa vie de devenir parfait à cet égard et avait de très hautes exigences envers lui-même.

Contrairement au taoïsme, la doctrine de Confucius est laïque et pragmatique, il n'y a pas de destin surnaturel, mais l'ordre naturel résulte de la responsabilité de l'homme envers lui-même, les autres et l'environnement. Le comportement moral, la non-violence et le bien-être du peuple faisaient partie des principales préoccupations de Confucius, dont la pensée est en partie similaire à celle de Socrate. Il a également créé une nouvelle image de l'homme, reconnaissant que les actions de l'homme influencent la société et la nature. Pour exercer cette responsabilité pour le bien, le développement des vertus est la base fondamentale.

Sagesse à emporter

"Celui qui connaît son objectif peut décider. Celui qui décide trouve la tranquillité. Celui qui trouve la tranquillité est en sécurité. Celui qui est en sécurité peut réfléchir. Celui qui réfléchit peut améliorer".

"La gloire ne consiste pas à ne jamais tomber, mais à se relever chaque fois qu'on a échoué".

"La stupidité n'est pas 'savoir peu', ni 'vouloir savoir peu', la stupidité est 'croire en savoir assez'".

"Celui qui fait une erreur et ne la corrige pas en commet une deuxième".

"Il vaut mieux allumer une seule petite lumière que de maudire l'obscurité".

"Un homme au caractère bien trempé et aux principes moraux ne cherchera jamais à sauver sa peau au détriment de ses principes. Il préférerait sacrifier sa vie plutôt que ses convictions".

BOUDDHISME

Bien que le bouddhisme soit classé parmi les religions mondiales, il existe une différence majeure avec les autres religions : Alors que ces dernières imposent une croyance et un (ou plusieurs) dieu(x) que les croyants doivent adorer, le bouddhisme n'impose aucune directive.

Chacun est libre de croire ou de ne pas croire - telle était l'idée de Bouddha, qui s'appelait en réalité Siddhartha Gautama, lorsqu'il a développé le dharma (que l'on peut traduire par "la doctrine"), c'est-à-dire la philosophie bouddhiste, vers 500 avant JC. Originaire du Népal et fils d'une famille noble, il a même déclaré qu'il fallait examiner son enseignement, comme toute autre chose, en fonction de ses propres expériences et juger si l'on voulait le considérer comme vrai ou faux. Le bouddhisme n'est devenu une religion, dans laquelle Bouddha est lui-même vénéré comme un dieu dans une grande partie de l'Asie, qu'après la mort de Bouddha (de même que Confucius a été déclaré dieu après sa mort).

L'un des principes les plus importants du bouddhisme est de juger par sa propre sagesse et de ne croire que ce que l'on considère comme juste, ainsi que de vivre et d'agir dans le sens de l'éthique. Pour atteindre cette sagesse et cette vertu, la méditation est considérée comme la voie la plus efficace, car elle permet d'établir l'unité du corps, de l'esprit et de l'âme et d'être ainsi guidé par son propre intérieur sur la bonne voie.

L'objectif est la recherche du bonheur, à la fois pour soi-même et pour tous les autres êtres vivants. Comme pour les philosophes de la Grèce antique, il ne s'agit pas ici du bonheur matériel ou émotionnel éphémère, mais, comme dans le stoïcisme et le taoïsme, le bonheur est considéré comme l'état où l'on est intérieurement équilibré, en accord avec soi-même et satisfait de sa vie, indépendamment des biens ou des plaisirs que l'on possède.

Sagesse à emporter

"Si vous avez un problème, essayez de le résoudre. Si vous ne pouvez pas le résoudre, n'en faites pas un problème".

"Il n'y a pas de chemin vers le bonheur. Le bonheur est le chemin".

"Ne vous attardez pas sur le passé, ne rêvez pas de l'avenir. Concentrez-vous sur le moment présent".

"Jamais au monde la haine ne s'arrête par la haine. La haine cesse par l'amour".

"Nous sommes ce que nous pensons. Tout ce que nous sommes naît de nos pensées. Avec nos pensées, nous façonnons le monde".

"Le chemin n'est pas dans le ciel. Le chemin est dans le cœur".

"Ne croyez pas les Écritures, ne croyez pas les enseignants, ne me croyez pas non plus. Ne croyez que ce que vous avez vous-même soigneusement examiné et reconnu comme étant pour vous-même et pour votre bien".

"Ce n'est pas à l'extérieur, mais seulement en soi-même qu'il faut chercher la paix. Celui qui a trouvé le silence intérieur ne s'empare de rien et ne rejette rien non plus".

"Tous les hommes ne font qu'un. Ce qui les différencie, c'est le nom qu'on leur donne".

Siècle des Lumi-
ères

La société européenne des XVIIe et XVIIIe siècles n'était certes plus dominée par l'Église, de sorte que la vie et donc la philosophie étaient beaucoup plus libres qu'au Moyen Âge, mais les rois et les empereurs régnaient sur des peuples qui n'avaient pas leur mot à dire, et encore moins de libertés ou de droits fonda-mentaux garantis. C'est à cette époque que le désir de liberté et de démocratie s'est développé dans plusieurs États européens.

Les philosophes des Lumières ont remis en ques-tion l'existence du pouvoir absolu tis , ont développé des idées de réorganisation politique et, surtout, ont expliqué aux citoyens qu'ils avaient une raison propre qu'ils devaient utiliser pour organiser l'État et la société comme ils l'entendaient.

Cette philosophie a donné naissance à des aspirations révolutionnaires chez les citoyens, qui ont entraîné la fin de la monarchie en 1789 et l'introduction d'un code des droits de l'homme et du citoyen en France, tandis qu'un absolutisme éclairé était instauré en Autriche, en Prusse et en Russie, et une monarchie constitutionnelle en Angleterre.

Dans tous les pays, ces mouvements avaient en commun de considérer le pouvoir des gouvernants comme un pouvoir délégué par contrat par le peuple, d'aspirer à une participation du peuple au pouvoir et de vouloir répartir le pouvoir d'État entre différents organes afin d'éviter qu'il ne soit utilisé à mauvais escient. Au sein de cette époque, il y avait principalement trois approches différentes : le rationalisme, l'empirisme et une synthèse des deux.

RATIONALISME

René Descartes est considéré comme le fondateur du rationalisme. Il a révolutionné la pensée de son époque en affirmant que l'on peut et que l'on doit douter de tout. C'est la seule façon d'être un citoyen responsable et d'empêcher les régimes autoritaires d'avoir un pouvoir illimité. Selon Descartes, il n'y a qu'une seule chose qui ne peut pas être mise en doute, c'est sa propre existence, qui est fondée sur la capacité à réfléchir.

On reconnaît une référence aux Grecs anciens, qui considéraient l'intellect, ou logos, comme le principal moyen et en même temps le but.

Malgré ou à cause de ses doutes sur tout, Descartes était également un chercheur en sciences, par exemple en astronomie, en météorologie, en physique et en mathématiques. Dans sa philosophie, il a remis en question tout ce qui existe dans le monde, estimant que rien ne pouvait être prouvé avec certitude et que tout était peut-être imaginaire - non seulement Dieu ou d'autres choses intangibles, mais aussi des choses matérielles telles que la maison dans laquelle vous vivez et la chaise sur laquelle vous êtes assis. Il a également dû douter de sa propre existence, mais il est arrivé à la conclusion qu'il devait exister puisqu'il réfléchissait, et que la pensée était donc la seule vérité.

Son affirmation "Cogito ergo sum" - "Je pense, donc je suis" - est connue et célèbre dans le monde entier. Il en résulte que la pensée autonome et rationnelle est la clé de la vie, et même si Descartes a d'abord été méprisé et ridiculisé pour ses opinions dans la première moitié du XVIIe siècle, cette seule conclusion de sa part est la base du développement de la pensée éclairée ultérieure.

<table>
<tr><td>

Sagesse à emporter

"Tout ce qui est simplement probable est probablement faux".

"Car il ne suffit pas d'avoir une bonne tête, l'essentiel est de bien l'utiliser".

"La philosophie tout entière est comparable à un arbre dont la racine est la métaphysique, le tronc la physique et les branches toutes les autres sciences".

"Quand on est trop désireux de vivre dans le passé, on reste généralement très ignorant du présent".

"Ceux qui marchent très lentement, mais qui suivent toujours le droit chemin, peuvent aller beaucoup plus loin que ceux qui courent et s'égarent".

"Le doute est le commencement de la sagesse".

</td></tr>
</table>

EMPIRISME

Pour les empiristes, la raison était également importante, mais ils la définissaient différemment. L'entendement a des limites qui se situent dans ce qu'il est possible de connaître, c'est-à-dire ce qui peut être étudié et prouvé empiriquement. Selon eux, ce qui va au-delà ne doit pas faire l'objet d'un travail philosophique, car cela ne servirait à rien, étant donné que ce n'est pas tangible. Ils estiment donc que la recherche scientifique doit être au centre du travail philosophique, comme Aristote l'avait fait auparavant. Parmi les empiristes, on trouve notamment John Locke et David Hume, considéré comme le père des Lumières.

John Locke n'était pas seulement un philosophe, mais aussi un médecin et, à un moment donné, un homme politique. Ce dernier lui a donné un aperçu de la vie politique de son époque et a influencé sa philosophie. Dans ses écrits, qui ont influencé les constitutions de presque tous les États libéraux, il a défendu l'idée que le pouvoir de l'État devait être partagé et que le gouvernement devait veiller au bien-être des citoyens dans tous les domaines, y compris leur liberté. Selon Locke, il existe des droits et des lois naturels que tout le monde doit respecter.

Il s'agit par exemple du droit à la liberté, du droit à la vie et du droit à la santé, qui sont aujourd'hui garantis par la Constitution, mais qui ne l'étaient pas à l'époque de l'absolutisme. Selon lui, le but ultime d'une société est d'atteindre l'état de nature, qui existe lorsque toutes les injustices ont été abolies et que règnent une liberté et une égalité parfaites entre tous les hommes.

Mais il pensait aussi que les gens n'accepteraient pas ou n'appliqueraient pas assez vite ces lois naturelles, et c'est pourquoi il estimait que l'État était nécessaire pour veiller à ce que ces lois soient respectées et qu'il n'y ait pas de conflits. Le pouvoir du peuple devrait être garanti par la légitimation de l'État par les citoyens dans le cadre d'un contrat social, semblable à une constitution au sens actuel du terme. Pour mettre en place un tel État, il faudrait procéder à des réformes plutôt qu'à des révolutions, car celles-ci sont plus faciles à mettre en œuvre et ne nécessitent pas de violence.

En France, Jean-Jacques Rousseau a défendu une position encore plus radicale. Il se référait au contrat social proposé par Locke, mais insistait encore plus que lui sur le fait que ce contrat était conclu par la libre volonté des citoyens et que le système politique ne tenait et ne tombait donc que grâce aux citoyens. Cependant, ce n'est pas la volonté de l'individu qui est déterminante, mais celle de la communauté, qui est au-dessus de l'État absolutiste et des intérêts subjectifs individuels. C'est pourquoi, selon lui, la décision de se soumettre à l'État pour le bien de tous, sans pour autant perdre sa liberté personnelle, relève d'une démarche volontaire de la part d'un citoyen avisé. Avec cette idée du bien commun, il a été le principal inspirateur de la Révolution française et a influencé des philosophes de l'État et du droit tels que Kant, Marx et Hegel.

John Locke a également développé une théorie de la connaissance selon laquelle l'esprit ne se forme qu'au cours de la vie avec l'expérience et n'est pas donné à la naissance. En ce sens, il était tout à fait empiriste, car la connaissance, c'est-à-dire la formation de l'esprit, doit selon lui reposer uniquement sur des expériences empiriques. En d'autres termes, l'expérience empirique est la pierre angulaire de la pensée.

David Hume a également défendu ce point de vue et l'a développé. Selon lui, l'origine de toute connaissance réside dans les impressions sensorielles, et tout ce qui va au-delà et ne peut donc pas être clairement démontré doit être rejeté. Selon lui, il n'existe pas de personnalité fixe, mais l'homme vient au monde comme une feuille vierge et ne se forge une idée de lui-même qu'à travers les expériences qu'il accumule.

Chaque expérience peut donc entraîner une modification du moi. Il a également soutenu que l'homme développe sa pensée et ses actions à partir d'événements répétés, créant ainsi des habitudes qui lui donnent une certitude quant aux causes et aux effets.

Cependant, il précisait que seule la certitude de ce qui a été perçu, c'est-à-dire de ce qui s'est déjà produit, existait, tandis que les conclusions tirées pour l'avenir n'étaient que des spéculations et ne pouvaient être prouvées, c'est-à-dire qu'elles ne constituaient pas une vérité. Avec ces idées, il ne remettait pas seulement en question la toute-puissance de Dieu et des dirigeants, mais soulevait également des questions intéressantes pour la psychologie des siècles suivants - après tout, il postulait que ce qui avait été n'avait pas besoin de continuer ou de se reproduire, et donc que les systèmes autoritaires n'avaient pas besoin de perdurer, ni les mauvaises expériences de susciter des inquiétudes quant à l'avenir.

Sagesse à emporter

"Le bonheur et le malheur sont deux états dont nous ne connaissons pas les limites extrêmes". (Locke)

"Ce que notre pensée peut concevoir est à peine un point, presque rien, par rapport à ce qu'elle ne peut pas concevoir". (Locke)

"Chaque pas en avant que l'esprit fait sur le chemin de la connaissance apporte quelque découverte qui n'est pas seulement nouvelle, mais aussi, pour le moment du moins, la plus précieuse". (Locke)

"Nous aurions beaucoup moins de querelles dans le monde si l'on prenait les mots pour ce qu'ils sont -

simplement les signes de nos idées et non les choses elles-mêmes". (Locke)

"Heureux celui dont les conditions de vie sont adaptées à son tempérament ; mais plus haut encore celui qui est capable d'adapter son tempérament à toutes les conditions de vie". (Hume)

"Rien n'est plus libre que la pensée de l'homme". (Hume)

"La beauté des choses vit dans l'âme de celui qui les regarde". (Hume)

"Tout effet est un événement différent de sa cause". (Hume)

"La liberté de l'homme ne consiste pas à pouvoir faire ce qu'il veut, mais à ne pas devoir faire ce qu'il ne veut pas". (Rousseau)

"L'argent qu'on possède est le moyen de la liberté, celui qu'on poursuit est le moyen de la servitude". (Rousseau)

"Le caractère ne se révèle pas dans les grandes actions ; c'est dans les petites choses que se montre la nature de l'homme". (Rousseau)

LA SYNTHÈSE

Le plus grand philosophe allemand, Emmanuel Kant, a tenté de concilier le rationalisme et l'empirisme. Il a constaté que les deux avaient surestimé leurs moyens respectifs - les rationalistes pensaient pouvoir sonder plus de choses par l'entendement que la nature ne le permettait, et les empiristes pensaient que les preuves scientifiques permettaient de déterminer tout ce qui était important pour l'homme et le monde.

Selon Kant, la perception et la recherche de l'homme s'arrêtent là où l'espace, le temps et la causalité ont fixé leurs limites, et c'est pourquoi certaines choses, comme par exemple la liberté ou Dieu, ne peuvent pas être prouvées scientifiquement. Avec l'entendement, l'homme ne peut saisir que ce qui peut être expérimenté, mais il existe en outre une "raison pratique" qui consiste à déduire logiquement, sur la base de la connaissance, comment pourrait être ce que l'on ne peut pas explorer. Cependant, cela ne peut pas être présenté comme une vérité, comme le faisaient les rationalistes et les Grecs anciens.

Dans son œuvre la plus importante, "Critique de la raison pure", il a posé les quatre questions déterminantes de la philosophie : Que puis-je savoir ? Que dois-je faire ? Que puis-je espérer ? Qu'est-ce que l'homme ? Avec ces questions et les réponses qu'il y a apportées, il a développé les théories philosophiques de ses prédécesseurs. La métaphysique, la morale, la religion et la science de l'homme, c'est-à-dire les thèmes déjà explorés par les Grecs anciens, étaient les leitmotivs de sa philosophie. Il en est arrivé à la conclusion fondamentale que la raison est la base essentielle de tout.

Cependant, il entendait par là un esprit raisonnable qui analyse rationnellement ce qui est vrai et faux, juste et faux ou possible et impossible. Pour lui, la raison n'était pas, comme chez Descartes, le fondement de l'existence physique et psychique, mais la base de la participation adulte à la société et de la responsabilité vis-à-vis de sa propre vie, de ses semblables et de l'environnement. Il ne soupçonnait pas l'existence d'un ordre supérieur, comme le faisaient les philosophes de l'Antiquité grecque, mais considérait que l'homme intelligent était capable et obligé de vivre de manière vertueuse et éthique, et donc d'organiser l'État et la société de manière à ce que règnent la justice, la liberté et la participation politique pour chacun.

Dans l'esprit de Platon, il décrivait la connaissance comme un acte risqué, ce qui était une appréciation très réaliste compte tenu du pouvoir étatique encore absolutiste. Son invitation aux citoyens était donc "Sapere aude" - "Aie le courage de te servir de ta propre raison". Cette phrase a fait le tour du monde et a une portée intemporelle, à savoir qu'il ne faut épargner aucun effort ni aucun risque pour remettre en question ce qui existe et, le cas échéant, le modifier afin de créer un monde positif pour la collectivité. Cela a toujours été l'objectif de la philosophie, que ce soit en Europe ou en Asie, mais Kant a rédigé la synthèse la mieux expliquée et la plus pratique de toutes les idées à ce jour.

Sagesse à emporter

"L'homme sans but subit son destin, celui qui a un but le façonne".

"La paix est le chef-d'œuvre de la raison".

"Sans respect, il n'y a pas de véritable amour".

"Si certains veulent jouir sans travailler, d'autres devront travailler sans jouir".

"On n'est pas riche par ce que l'on possède, mais par ce dont on sait se priver avec dignité. Et il se pourrait que l'humanité s'enrichisse en s'appauvrissant, qu'elle gagne en perdant".

"Il se peut que tout ce qu'un homme pense être vrai ne le soit pas, car il peut se tromper, mais dans tout ce qu'il dit, il doit être vrai".

Le chemin vers la modernité

Le siècle des Lumières a donné une telle impulsion à l'évolution de la philosophie qu'il a été suivi de plusieurs nouveaux courants aux approches et aux points de vue différents, certains se consacrant principalement à l'organisation de l'État et de la société, d'autres à l'homme et à son intériorité.

IDÉALISME

En Allemagne notamment, les maximes de Kant ont donné naissance à l'idéalisme, dont les philosophes tels que Johann Gottlieb Fichte, Friedrich W. J. Schelling et G. W. Friedrich Hegel, entre autres, pensaient que la réalité était créée par la pensée. Le monde dans lequel on vit change en fonction de la façon dont on le pense, les idéaux devant constituer la base de la connaissance et de la morale.

Hegel, en particulier, a marqué l'histoire avec sa théorie. Il a conclu qu'au sein d'un homme et d'un État, l'esprit se développe de telle sorte qu'il en résulte une conception absolue de ce qui est réel et raisonnable. Mais le monde est en perpétuelle mutation, un processus de changement dans lequel les évolutions s'enchaînent logiquement.

Chaque événement historique est ainsi la conséquence nécessaire et naturelle de la situation précédente. Le monde s'organise ainsi dans un "processus de changement dialectique", grâce auquel l'évolution globale ne cesse de progresser. Quelque chose de mauvais peut donc devenir bon et quelque chose de bon peut devenir encore meilleur. Hegel a appliqué cette théorie, entre autres, à l'exemple de Dieu qui, selon lui, n'existait pas dès le départ sous la forme qu'il avait à l'époque, mais qui s'est développé au fil du temps grâce à la pensée des hommes. Selon sa théorie, les réalités communes telles que la foi, l'État ou l'ordre social se forment à partir de la pensée de tous les hommes concernés, tandis que chaque homme crée également la réalité de son existence par sa pensée.

La conception de Hegel a fortement polarisé le monde de la philosophie - tandis que Karl Marx et Friedrich Engels développaient à partir de ses idées leurs pensées sur la lutte des classes et un ordre social socialiste, deux courants se sont formés avec le matérialisme et le positivisme d'une part, et la philosophie de la vie et de l'existence d'autre part, en particulier, qui s'opposaient à la philosophie de Hegel, mais qui étaient également en contradiction les uns avec les autres.

Sagesse à emporter

"Nous connaissons le monde des sens, nous vivons dans le monde suprasensible". (Fichte)

"L'homme peut ce qu'il doit ; et s'il dit : je ne peux pas, c'est qu'il ne veut pas". (Fichte)

"Le mensonge est toujours un suicide de l'esprit". (Fichte)

"Le monde extérieur est ouvert devant nous pour que nous y retrouvions l'histoire de notre esprit". (Schelling)

"La vraie grandeur consiste dans la condescendance, dans la capacité de descendre jusqu'aux points de vue les plus bas, sans pardonner à sa majesté". (Schelling)

"La vérité d'une intention est l'action". (Hegel)

"Celui qui veut quelque chose de grand doit savoir se limiter, celui qui au contraire veut tout, ne veut en fait rien et n'arrive à rien". (Hegel)

"Pour agir, il faut essentiellement du caractère et un homme de caractère est un homme décent qui, en tant que tel, a des objectifs déterminés devant lui et les poursuit avec fermeté". (Hegel)

MARXISME

Karl Marx a fait entrer la philosophie dans une nouvelle réalité, car il pensait que le but n'était pas seulement de réfléchir au monde, mais de le changer. Le contenu principal de son travail philosophique était la situation sociale des gens de son époque. Il voyait que la plupart des gens travaillaient dur sans être suffisamment payés pour cela, tandis que quelques autres vivaient dans une grande aisance sans rien faire pour cela.

Son objectif était d'ouvrir les yeux des gens sur l'injustice sociale et il a développé une vision d'une société sans distinction de classe et sans exploitation. Il a prédit que la situation injuste qui existait à l'époque

mènerait à la révolution du prolétariat (la classe ouvri-
ère) et à l'établissement d'un État communiste. Avec
son ami Friedrich Engels, qui était en fait le fils d'un
industriel mais qui s'est rangé du côté des ouvriers, il a
élaboré l'idée du communisme comme concept politique.

Dans ce régime, tout le monde devait posséder la
même chose, tout le monde devait avoir les mêmes droits et toute propriété devait être un bien commun. Son
"Manifeste communiste", publié en 1848, a été le point
de départ de plusieurs révolutions après sa mort et a
conduit à l'établissement d'un État communiste en Russie en 1917.

MATÉRIALISME ET POSITIVISME

Ce courant, créé au milieu du XIXe siècle par Auguste Comte et Ludwig Feuerbach, rejetait l'approche de Hegel, la jugeant trop spéculative. Leur opinion s'apparentait à l'empirisme, car ils estimaient eux aussi que la métaphysique ne devait pas jouer de rôle en philosophie, mais que toute pensée devait se référer à ce qui existe matériellement, car seule sa vérité pouvait être établie positivement.

Le terme "matériel" ne se réfère pas uniquement aux choses physiques, mais selon eux, tout est constitué de matière, y compris les pensées, les sentiments et la conscience, car leurs flux sont physiquement mesurables. Tout ce qui n'est pas mesurable et qui n'a donc pas de matière ne peut donc pas exister. Pour cette raison, les matérialistes niaient l'existence de Dieu. Pour Feuerbach, Dieu a été remplacé par la politique, qui donne à l'homme la possibilité de créer dans la réalité la vie qu'il avait auparavant rêvée en croyant en Dieu.

PHILOSOPHIE DE LA VIE ET DE L'EXISTENCE

La philosophie de la vie et la philosophie existentielle se sont développées à peu près à la même époque autour de Friedrich Nietzsche et Henri Bergson, entre autres, et de leur fondateur Søren Kierkegaard.

Le message principal de la philosophie de la vie était que la philosophie ne pouvait pas vraiment se référer à la vie auparavant, car elle était trop figée dans des généralisations, des concepts étroits et des systèmes de pensée abstraits. Ceux-ci ne pouvaient pas prendre en compte l'étendue de l'existence humaine, en particulier les sentiments, et ne pouvaient donc pas être une véritable aide au développement et à la compréhension des processus humains et sociaux. C'est pourquoi, selon elle, la philosophie devrait être exercée par l'intuition et le langage poétique.

Les philosophes existentiels se sont intéressés à l'être humain et ont tenté de comprendre comment il se développe et quel est son sens. Kierkegaard, qui n'était pas seulement philosophe, mais aussi théologien et psychologue, a introduit dans la philosophie un aspect qui n'avait jamais été pris en compte auparavant, à savoir la peur.

Cette constatation était probablement la conclusion de son bagage psychologique et théologique, ainsi que de sa propre mélancolie héritée de son père. Il distinguait l'anxiété de la peur, car selon lui, la peur était liée à quelque chose de précis, tandis que l'anxiété survenait sans raison extérieure, et précisait que l'anxiété était quelque chose de parfaitement naturel, présent dans chaque être humain. La peur elle-même n'est ni négative ni positive, mais elle peut conduire à ce qu'il a appelé le "péché", en se basant sur un contexte biblique, ainsi qu'à des possibilités positives. En effet, la peur place l'homme devant un choix et est donc l'incarnation de la liberté. Selon Kierkegaard, il ne peut y avoir de liberté sans peur. Lorsque l'on a peur, on est finalement confronté au choix de la meilleure façon d'agir : Soit on cède à la peur et on se retire sans rien faire, soit on se laisse tenter par le risque, soit on réfléchit rationnellement à la meilleure façon de tirer parti de la situation.

Ainsi, la peur peut être considérée comme un moteur du développement humain - la forme que prend ce développement dépend alors de chaque personne elle-même. La subjectivité de la pensée, des sentiments et des décisions est également une constatation centrale de Kierkegaard. Chaque personne se voit et voit le monde différemment et agit sur cette base de manière différente. Modifier la perception subjective est donc une condition préalable à l'utilisation de la peur comme opportunité. Avec ces constatations, Kierkegaard a fourni une base déterminante pour la psychanalyse et la thérapie comportementale.

Parmi les philosophes existentiels, il y avait notamment Martin Heidegger, qui s'est penché sur la question de l'existence de l'être dans son ouvrage "Être et temps" en 1927. Il voyait la confirmation de celle-ci dans le fait que l'homme existe spatialement, à la fois dans le lieu actuel et dans le monde, et qu'une existence temporelle résulte de cette existence spatiale. Le philosophe actuel Peter Trawny explique que cela signifie que l'existence humaine implique une ouverture au monde et que, inversement, l'homme a besoin de l'ouverture du monde pour exister.

Les écrivains Jean-Paul Sartre et Albert Camus font également partie des philosophes existentiels.

Sartre (1905-1980) a défendu l'idée que l'homme est le seul être conscient de son existence et que, pour cette raison, il est condamné à la liberté, de sorte qu'il est lui-même responsable de ses pensées et de ses actes.

Mais il voyait aussi dans cette malédiction une grande opportunité, celle de vivre comme on l'entend et de créer le monde selon ses propres idées. On ne doit donc rien accepter et on peut changer aussi bien son propre comportement que la société. Albert Camus a développé la "philosophie de l'absurde" en 1942. Bien qu'il n'ait pas voulu être classé parmi les existentialistes, il le sera en raison de son point de vue selon lequel le monde est fondamentalement absurde et dénué de sens, de sorte qu'il ne peut jamais être compris par l'homme. L'homme peut accepter le sentiment d'absurdité et se tenir spirituellement au-dessus de cela, de sorte qu'il conserve sa dignité ; mais plus tard, il a proposé que les hommes se rebellent contre l'absurde pour conserver leur dignité. Il s'est notamment demandé comment l'homme peut agir correctement lorsqu'il est livré à lui-même, sans l'aide de Dieu.

Sagesse à emporter

"La comparaison est la fin du bonheur et le début de l'insatisfaction". (Kierkegaard)

"Le monde, aussi déficient soit-il, est beau et riche. Car il n'est constitué que d'occasions d'aimer". (Kierkegaard)

"La foi consiste à adhérer à l'incertain avec une conviction passionnée". (Kierkegaard)

"Il faut du courage pour vouloir se montrer tel que l'on est en vérité". (Kierkegaard)

"Ce qui est le plus préoccupant dans notre époque préoccupante, c'est que nous ne pensons pas encore". (Heidegger)

"Le langage est la maison de l'être". (Heidegger)

"Riez à la vie ! Peut-être rira-t-elle à son tour". (Sartre)

"Il y a beaucoup de gens dans le monde qui sont en enfer parce qu'ils dépendent trop du jugement des autres". (Sartre)

"L'homme n'est rien d'autre que ce qu'il fait de lui-même". (Sartre)

LES FEMMES DANS LA PHILOSOPHIE

Au cours des dernières décennies, le développement de la philosophie ne s'est pas arrêté, mais n'a pas non plus produit de découvertes révolutionnaires (du point de vue actuel), à une exception près : depuis peu, on ne nie plus au sexe féminin la capacité de philosopher.

Bien que les philosophes des millénaires passés aient été occupés à explorer le sens et le non-sens, l'être et le non-être, la justice et l'injustice, la sagesse et l'ignorance, la plupart d'entre eux n'ont pas réussi à sortir de la pensée figée de leur époque en ce qui concerne les rôles des hommes et des femmes. Même ceux qui n'étaient pas explicitement misogynes postulaient que les femmes n'étaient pas capables d'être des philosophes. Les rares exceptions étaient, par exemple, Pythagore, qui enseignait à la fois aux hommes et aux femmes, et John Stuart Mill, qui fut le premier parlementaire européen à demander que les hommes et les femmes aient les mêmes droits.

Cela ne signifie pas qu'il n'y a pas eu de femmes philosophes, mais qu'elles n'ont pas été entendues et que la plupart d'entre elles restent inconnues à ce jour. L'évolution générale de l'histoire récente, où l'égalité des droits est garantie par la Constitution et où les mouvements féministes ont provoqué une révolution de la pensée (de beaucoup, mais pas de tous, loin de là), a pour conséquence logique que les femmes sont également acceptées en philosophie.

Mais de même qu'il n'y a pas d'égalité des revenus ou de répartition équilibrée des deux sexes dans toutes les professions, le processus de développement de la philosophie est certes lancé, mais il est loin d'être achevé. Pour rendre justice aux femmes en philosophie, j'aimerais conclure en vous présentant quelques-unes des rares femmes philosophes connues :

Hypatie d'Alexandrie était la seule philosophe, mathématicienne et astronome célèbre de la Grèce antique. Célébrée comme une penseuse et une scientifique pleine d'esprit, elle était la seule femme à enseigner publiquement ses doctrines. Elle a notamment établi dès cette époque que la Terre tournait autour du Soleil. Ses connaissances ont cependant été oubliées pendant près de deux millénaires après qu'elle a été cruellement assassinée.

Émilie du Châtelet était une mathématicienne et philosophe du début du siècle des Lumières. Elle estimait que chacun pouvait faire quelque chose pour son bonheur, quelle que soit sa classe sociale. Elle considérait la recherche de l'éducation comme un aspect central du bonheur. Elle a également critiqué le rôle des femmes à l'époque et a souligné que les femmes devraient avoir les mêmes droits que les hommes.

Hannah Arendt a étudié la philosophie, notamment avec Martin Heidegger. Lors de l'arrivée des nazis au pouvoir en Allemagne en 1933, la jeune philosophe juive s'est réfugiée aux États-Unis. Dans ses écrits, elle a notamment abordé les droits de l'homme des personnes en quête de protection politique, la violence politique et ses origines, l'incompréhensibilité du mal et le sens du travail.

Simone de Beauvoir était la compagne de Jean-Paul Sartre, qu'elle avait rencontré à l'université. D'abord individualiste, elle a développé des idées existentialistes après qu'il ait été prisonnier de guerre en

Allemagne, et s'est efforcée d'utiliser sa philosophie à des fins de solidarité, sociales et politiques. Contrairement à Sartre, elle a également réfléchi à la morale dans l'existentialisme. Elle ne se considérait cependant pas comme une philosophe, mais comme une écrivaine.

Sagesse à emporter

"Un sentiment est un engagement qui dépasse l'instant". (de Beauvoir)

"On ne naît pas femme, on le devient". (de Beauvoir)

"Un monde qui doit faire place au public ne peut pas être construit pour une seule génération ou conçu uniquement pour les vivants ; il doit dépasser la durée de vie des hommes mortels". (Arendt)

"La triste vérité est que la plupart du mal est fait par des gens qui n'ont pas choisi entre le mal et le bien". (Arendt)

"Pour être heureux, il faut avoir abandonné ses préjugés et gardé ses illusions". (du Châtelet)

"Choisissons pour nous-mêmes le chemin de notre vie et essayons de le parsemer de fleurs". (du Châtelet)

"Comprendre les choses qui se trouvent juste devant notre porte est la meilleure préparation pour comprendre les choses qui se trouvent derrière". (Hypatie)

"Défendez votre droit de penser. Penser et se tromper, c'est mieux que de ne pas penser". (Hypatie)

Exercices philosophiques et conseils pour la vie quotidienne

Voici maintenant les conseils et les exercices promis au début de cet article, qui vous permettront d'intégrer la pensée et l'action philosophiques dans votre vie quotidienne. Il ne s'agit que de quelques idées qui peuvent en même temps vous inciter à développer vos propres idées d'exercices philosophiques - conformément à l'esprit de la philosophie, dans lequel rien n'est définitif.

ÉCRIRE SES PENSÉES

Si les philosophes anciens et modernes n'avaient pas consigné par écrit ce qu'ils avaient développé dans leur tête, personne ne saurait rien de leur philosophie aujourd'hui. Certains, comme Kierkegaard, ont même tenu des journaux intimes.

C'est logique, car toutes les pensées se déroulent dans la tête, mais elles vont tellement vite et sont souvent masquées par d'autres pensées que beaucoup de choses se perdent ou sont désordonnées si l'on essaie de les saisir uniquement dans la tête. Écrire vos pensées peut vous aider à les organiser, à les structurer et à les relier entre elles, ce qui vous permet de mieux les développer. De plus, non seulement vous reconnaîtrez vos propres processus internes, ce qui vous permettra de mieux vous comprendre, mais vous disposerez également d'un recueil écrit au cas où vous auriez un jour l'idée de partager vos pensées avec le monde.

Étant donné que la pensée n'arrive pas ou ne part pas sur commande, mais qu'elle surgit souvent de manière soudaine et inattendue, je vous recommande de toujours avoir un petit carnet et un stylo sur vous. S'il est vrai que l'écriture manuscrite est aujourd'hui "has been", elle correspond davantage à l'esprit traditionnel de la philosophie et les notes sont conservées même si la technologie tombe en panne.

Vous n'avez pas besoin de tenir un journal conséquent, car il se peut que pendant quelques jours vous ne pensiez à rien qui vaille la peine d'être écrit d'un point de vue philosophique, et la plupart du temps, le plaisir de faire quelque chose est gâché par la contrainte. Portez donc simplement votre carnet sur vous et écrivez chaque fois que les pensées vous viennent.

DISCUTER

Une autre méthode, qui remonte aux origines de la philosophie, est la discussion. Si des philosophes de même opinion ou d'opinion différente n'avaient pas discuté ensemble de leurs pensées, chacun aurait développé ses propres théories de manière isolée (ce qui a certes été partiellement le cas).

En échangeant avec d'autres, il est possible de développer sa propre pensée en intégrant des aspects auxquels on n'avait pas pensé soi-même. Il est également possible d'envisager ses propres théories sous un angle différent en écoutant l'avis des autres. On dit souvent : "Plusieurs cuisiniers gâchent la sauce", mais cela n'est vrai que dans les domaines de la vie où différentes idées ne peuvent pas être appliquées simultanément, comme la cuisine, les travaux manuels ou l'éducation. En revanche, en science, et plus particulièrement en philosophie, des idées et des approches différentes sont une richesse, car elles permettent de progresser mutuellement et de développer une multitude de résultats.

Enfin, il est amusant de discuter avec des amis des questions qui vous préoccupent. Choisissez donc une ou plusieurs personnes de votre entourage qui s'intéressent également à la philosophie et réunissez-vous régulièrement en petits groupes de discussion pour échanger vos idées.

VIVRE AVEC BON SENS

"Ayez le courage de vous servir de votre propre intelligence" - cela ne s'applique pas seulement à la politique et à la société, mais aussi à votre propre vie. La plupart des gens se contentent de vivre sans réfléchir sur eux-mêmes. C'est une des raisons de l'inattention à sa propre santé, à son état psychologique et au sens de sa vie.

On pense, on ressent et on agit, mais de manière incontrôlée - ou plutôt, de manière mal contrôlée. Si vous ne réfléchissez pas à ce que vous pensez et ressentez, vous le faites selon certains schémas qui s'impriment inconsciemment au fil des expériences de la vie. Ces schémas déterminent ensuite ce que vous pensez et ressentez dans telle ou telle situation et votre état d'esprit général. De la même manière, l'action se déroule selon des processus schématiques et inconscients. Vous agissez ainsi parce que vous l'avez toujours fait ou que d'autres agissent de la même manière.

Ces contraintes internes et externes vous dominent, tout comme les citoyens étaient dominés par les monarques à l'époque de l'absolutisme. Vous n'avez pas conscience que vos schémas figés ont parfois un impact négatif sur votre vie ou ne correspondent tout simplement pas à ce que vous voulez vraiment au fond de vous, et vous ne les changez donc pas, même si vous avez le sentiment vague que quelque chose dans votre vie ne vous satisfait pas. Par conséquent, chaque fois que vous pensez, ressentez ou faites quelque chose, demandez-vous : Pourquoi est-ce que je pense, ressens, fais cela ? Est-ce que je le veux vraiment ? Qu'est-ce que je veux à la place ? Comment puis-je y parvenir ? Ces questions sont la base d'une vie autodéterminée.

MODIFIER OU ACCEPTER

Une sagesse importante qui remonte au stoïcisme est la suivante : il faut accepter les choses que l'on ne peut pas changer. Sinon, on s'use avec des pensées négatives constantes, on désespère et on devient malheureux. Au lieu de gaspiller son énergie à penser à des événements immuables, il faut la consacrer à des choses plus utiles.

Cela ne signifie pas que vous devez accepter sans protester tout ce qui vous arrive et tout ce qui arrive dans le monde. La devise est : "Changez ce que vous ne pouvez pas accepter et acceptez ce que vous ne pouvez pas changer". Si vous êtes contrarié ou attristé par une situation dans votre propre vie, dans votre environnement ou dans les événements mondiaux, réfléchissez donc à la question de savoir s'il est en votre pouvoir de changer cette situation. Si vous répondez "oui", réfléchissez de manière constructive à ce que vous pouvez faire pour apporter un changement positif. Si la réponse est "non", alors devenez ami avec la situation, car selon les enseignements anciens, si quelque chose ne peut pas être changé, cela fait partie du cours universel des choses, qui a un sens supérieur que nous, les humains, ne comprenons pas toujours.

Au lieu de vous laisser aller à des pensées négatives et de réfléchir inutilement à la manière dont vous pourriez changer l'immuable, réfléchissez plutôt à la meilleure façon de vivre avec cet état, de manière à ce qu'il n'y ait aucun inconvénient pour vous. N'oubliez pas que le principal inconvénient réside dans les pensées négatives elles-mêmes, car elles vous font vous sentir mal et sans force. Il est donc préférable de se concentrer sur les aspects positifs de la situation ou sur les objectifs positifs qui peuvent être atteints malgré la situation.

PENSER AUX CONSÉQUENCES DE VOTRE COMPORTEMENT

"Ne fais pas à autrui ce que tu ne veux pas qu'il te fasse", dit un vieux proverbe cité par Kant. Pour plus de justice, pour un monde durablement meilleur et pour être en paix avec soi-même, cette maxime devrait vous accompagner en permanence.

Tout comportement humain peut potentiellement nuire à d'autres personnes ou au monde, et il faut en être conscient. Il est impossible de penser à tout et certains éléments sont inévitables, mais il est possible d'adapter ses actions de manière à ce qu'elles puissent être le moins dommageables possible. Par exemple, dans nos activités quotidiennes, nous nuisons à l'environnement en utilisant l'eau, l'électricité, le chauffage, les produits fabriqués dans les usines et en conduisant une voiture, même si nous ne sommes pas directement conscients de notre impact.

Il est impossible de tout éviter, mais vous pouvez par exemple veiller à ne pas gaspiller les ressources, à acheter de l'électricité produite à partir d'énergies renouvelables, à utiliser une voiture économique et à rouler le moins possible, et à ne pas jeter et acheter des choses neuves inutilement. Il est important de réfléchir aux conséquences de vos actes sur les autres et sur la nature, afin d'être plus attentif à la vie et de réduire ainsi la probabilité que vous causiez réellement des dommages. Il n'y a pas de certitude à ce sujet, mais le comportement responsable en soi compte également. Il s'agit notamment de ne pas nuire intentionnellement à quelqu'un ou à quelque chose, par exemple en n'agressant pas physiquement ou verbalement, en ne faisant pas de discrimination ou en ne jetant pas de déchets dans la nature.

RECONNAÎTRE L'INJUSTICE - S'ENGAGER

Bien que de nombreux philosophes et d'autres personnes avant notre époque aient tenté de faire du monde un endroit juste, il est loin de l'être, non seulement au niveau mondial, mais aussi à notre porte. L'un des thèmes de votre réflexion philosophique devrait donc être de réfléchir aux endroits où il y a de l'injustice, depuis votre environnement immédiat jusqu'au monde global, comment elle se manifeste et comment on pourrait la réduire.

Les injustices ne sont pas seulement les inégalités sociales, les violations des droits de l'homme ou l'exploitation, mais aussi, par exemple, le harcèlement entre collègues ou l'abandon d'animaux sur l'autoroute. Vous ne pouvez pas directement remédier à la plupart des situations injustes, mais vous pouvez réfléchir à la manière dont vous pouvez contribuer à un monde plus juste dans la mesure de vos possibilités. Vous pouvez par exemple aider un projet social près de chez vous, acheter des produits issus du commerce équitable, donner de l'argent à une organisation de protection des animaux ou veiller à ce que personne ne soit exclu ou insulté parmi vos connaissances ou collègues.

En vous engageant pour la justice, vous améliorez non seulement le monde, mais aussi votre estime de soi, car vous faites quelque chose d'utile pour les autres.

RÉFLÉCHIR À CE QUI COMPTE VRAIMENT DANS LA VIE

L'homme passe beaucoup de temps à courir après l'argent et les choses matérielles et à rivaliser pour obtenir l'approbation de son entourage. De plus, il est souvent bloqué par des pensées négatives sur le passé et des inquiétudes sur l'avenir. Ainsi, il n'est presque jamais satisfait, car il se préoccupe principalement de ce qui lui donne de mauvais sentiments et de ce qu'il doit soi-disant accomplir. Entre les pensées sombres sur le passé et l'avenir, il n'y a pratiquement pas de place pour le moment que vous vivez, et pendant que vous courez après les "valeurs" extérieures, vous oubliez votre intérieur et les cadeaux immatériels de la vie.

C'est pourquoi vous devez faire une introspection et déterminer ce qui est vraiment important pour vous, indépendamment de l'opinion que vous avez adoptée en raison de l'opinion générale de la société. Les anciens philosophes grecs et chinois le savaient déjà : le bonheur ne réside pas dans l'extérieur, ni dans le matériel, ni dans le passé ou le futur. Ce n'est qu'à l'intérieur de soi, dans des valeurs immatérielles constantes, indépendantes des changements extérieurs, et dans le moment présent que l'on peut trouver et vivre le bonheur.

IDENTIFIER LES MALHONNÊTE-
TÉS ET Y REMÉDIER

"Il se peut que tout ce qu'un homme croit être vrai ne le soit pas, car il peut se tromper, mais dans tout ce qu'il dit, il doit être vrai", reconnaissait Kant, et Fichte savait que le mensonge est un "suicide de l'esprit". La vérité a toujours joué un rôle important dans la philosophie, d'une part en tant que but de la science et de la découverte de l'être, et d'autre part en tant qu'aspect central de la vertu.

Une vie vertueuse implique non seulement des actions justes et moralement correctes, mais aussi de l'honnêteté et du courage. Vous faites preuve de ces deux qualités lorsque vous êtes honnête, à la fois avec les autres et avec vous-même. Les mensonges servent généralement à obtenir un avantage ou à éviter un désavantage, ou vous vous trompez vous-même car vous ne pouvez pas supporter la vérité.

Être honnête, c'est être courageux dans la mesure où l'on admet à soi-même et aux autres que l'on a fait quelque chose de mal ou que l'on n'est pas d'accord. Vous devez vous attendre à être critiqué, à devoir réparer votre erreur et à avoir l'impression de rapetisser un peu et d'être moins "bon". Mais en réalité, cela vous rend meilleur et plus grand, car vous faites preuve de respect envers les autres, vous surmontez votre peur d'être désavantagé et vous regardez la réalité en face, ce qui peut aussi signifier que vous devez travailler sur vous-même et faire des efforts pour y parvenir. Pour vous entraîner, faites une introspection et réfléchissez aux situations dans lesquelles vous avez tendance à mentir aux autres ou à vous-même, et essayez d'éviter cela à l'avenir.

ÉDUCATION ET ÉLARGISSEMENT DES HORIZONS

Vous vous souvenez certainement que philosophie signifie "amour de la sagesse". L'esprit d'un philosophe est rarement immobile et lorsqu'il ne réfléchit pas à l'être ou au sens du monde, il fait des recherches et se forme, car plus on en sait, plus on peut comprendre.

Vous n'avez pas besoin de développer de nouvelles formules mathématiques ou d'étudier la physique quantique, mais plutôt d'élargir vos connaissances. Vous pouvez par exemple vous informer sur d'autres cultures, lire des ouvrages spécialisés sur différents sujets ou simplement écouter les informations, y réfléchir de manière critique et développer votre propre opinion. Vous pouvez également faire l'expérience de l'éducation de manière active en voyageant dans d'autres pays, en visitant des musées ou en demandant à des personnes âgées de vous raconter des événements historiques qu'elles ont vécus. Vous pouvez également interroger des amis et des connaissances sur leurs différentes professions et croyances ou faire des excursions dans la nature, observer les animaux et les plantes et réfléchir à la manière dont cette vie naturelle s'est développée sur notre planète au cours de millions d'années.

Conclusion : je pense, donc je suis - ou pas ?

La pensée comme clé de l'existence - c'est sans doute le grand point commun entre (presque) tous les philosophes, bien qu'avec des interprétations très différentes. Descartes considérait les mouvements de sa pensée comme la preuve qu'il était un être réel et pas seulement une création imaginaire faite d'air.

David Hume disait que la pensée est la plus grande liberté qu'un homme puisse avoir - à une époque où la liberté de l'homme était reconnue comme un aspect essentiel de l'existence. Bouddha a même affirmé que l'homme se créait lui-même et créait le monde par sa pensée - une thèse qui a également été reprise par l'idéalisme et l'existentialisme.

Kant considérait l'utilisation de la raison, c'est-à-dire la réflexion rationnelle, comme la base permettant aux citoyens de modifier la société - et donc leur existence - dans le sens de leurs intérêts. Platon considérait la pensée comme la forme la plus élevée de communication et de découverte de soi, elle devait finalement être un "soliloque de l'âme". Hypatie savait que la libre pensée est un droit auquel on ne peut renoncer à aucun prix.

Que nous pensions en tant que matière physique, en tant qu'âme (avec ou sans matière) ou simplement en tant qu'imagination de nous-mêmes, cela restera une question philosophique éternellement controversée. En fin de compte, cela n'a pas d'importance - car "nous", quoi que ce soit, pensons. Il doit donc y avoir un "être" de nous, même si ce n'est que la pensée elle-même.

La définition de la "pensée", les questions et les sujets sur lesquels vous réfléchissez sont laissés à votre appréciation. Les philosophes du passé pensaient tout simplement ce qu'ils voulaient penser et de la manière dont ils voulaient le penser - c'est la nature même de la philosophie. Cependant, l'objectif de mieux comprendre l'être et le monde, ainsi que l'intention de faire

de soi-même un homme meilleur et du monde un endroit meilleur, constituent le fil conducteur de toutes les
époques de l'histoire et des différentes cultures. En ce
sens, pour citer à nouveau Kant : Ayez le courage de
vous servir de votre raison.